Inhalt

Freizügigkeit für Osteuropäer - doch die erhofften Fachkräfte werden wohl nicht kommen

Kernthesen

Beitrag

Fallbeispiele

Weiterführende Literatur

Impressum

Freizügigkeit für Osteuropäer - doch die erhofften Fachkräfte werden wohl nicht kommen

Robert Reuter

Kernthesen

- Seit dem 1. Mai haben die Menschen aus acht osteuropäischen Staaten ungehinderten Zugang zum deutschen Arbeitsmarkt.
- Die frühere Befürchtung, dass es zu einer Einwanderungsschwemme kommen könnte, ist der Hoffnung auf Fachkräfte gewichen.
- Experten rechnen jedoch nicht mit nennenswerten Zuwandererzahlen. Dafür

habe Deutschland zu lange signalisiert, dass Arbeitsmigranten weder gebraucht werden noch willkommen sind.

Beitrag

Freier Zugang für die EU-8

Seit dem 1. Mai dieses Jahres haben Arbeitnehmer der 2004 in die Europäische Union aufgenommenen Länder uneingeschränkten Zugang zum deutschen Arbeitsmarkt. Dieser steht nun auch den Arbeitssuchenden aus den EU-Mitgliedsländern Estland, Lettland, Litauen, Polen, Slowakei, Slowenien, Tschechien und Ungarn offen. Arbeitnehmer aus Bulgarien und Rumänien, die beide erst 2007 der EU beitraten, werden voraussichtlich im Jahr 2014 ungehinderten Zutritt zum deutschen Arbeitsmarkt erhalten. Die erst jetzt erlaubte Freizügigkeit für die so genannten EU-8 liegt in der vor sieben Jahren noch deutlich angespannteren Lage des deutschen Arbeitsmarktes begründet. Da die Bundesregierung 2004 die massenhafte Einwanderung osteuropäischer Arbeitskräfte befürchtete, wurde die Gewährung vollständiger Freizügigkeit bis zum 1. Mai 2011 vertagt. [1]

Dienstleistungsfreiheit für Unternehmen

Mit der Freizügigkeit bei der Arbeitssuche gilt nun auch die so genannte Dienstleistungsfreiheit für die Bürger der EU-8. Sie bedeutet, dass Unternehmen aus den osteuropäischen Ländern jetzt auch uneingeschränkt grenzüberschreitende Dienstleistungen mit eigenem Personal erbringen dürfen, ohne dafür eine Arbeitsgenehmigung in Deutschland einholen zu müssen. Eingeschränkt worden war die Dienstleistungsfreiheit bis zum 1. Mai im Baugewerbe, in der Gebäudereinigungsbranche sowie in Dienstleistungssektoren des Verkehrs-, Inventars- und Dekorationsgewerbes. (1)

Erwartet werden nur Wenige

Obwohl der deutsche Arbeitsmarkt sehr gut dasteht, befürchtet heute kein Experte mehr, dass ein massenhafter Ansturm billiger Arbeitskräfte bevorsteht. Das Institut der Deutschen Wirtschaft (IW) in Köln rechnet mit einem Zustrom von "einigen Hunderttausend Arbeitskräften" pro Jahr. Andere Experten gehen sogar von nur 50 000 bis 100 000 arbeitssuchenden Einwanderern aus. Prinzipiell besteht die Ansicht, dass der deutsche Arbeitsmarkt bei der Aufnahme der neuen Kräfte keine Probleme haben wird. (1), (2)

Hoffnungen statt Skepsis

Die frühere Skepsis gegenüber osteuropäischen Arbeitsmigranten ist wegen der derzeitigen Lage der deutschen Wirtschaft einem positiven Pragmatismus gewichen. Das Institut der Deutschen Wirtschaft sieht die erwarteten Zuwanderer als willkommene Milderung des deutschen Demografieproblems. Zudem seien alleine zwischen 1991 und 2000 über drei Millionen Arbeitskräfte nach Deutschland eingewandert, was die 100 000 bis 200 000 neuen Kräfte aus Osteuropa marginal erscheinen lasse. Besonders positiv sieht die Zeitarbeitsbranche die Öffnung, denn viele Unternehmen haben derzeit erhebliche Schwierigkeiten, freie Stellen zu besetzen. Vor allem in Metall-, Elektro- und in technischen Berufen, aber auch bei den in der Zeitarbeit stark vertretenen Hilfsarbeitern ist das Angebot knapp. (1), (2)

Die Besten sind schon lange weg

Zugleich dämpfen Wirtschaftsforschungsinstitute die Hoffnung, dass durch die Arbeitskräfte aus

Osteuropa der Fachkräftemangel gemildert werden könne. Dafür sei der Ingenieurmangel in Deutschland einfach zu groß, urteilt das Institut für Arbeitsmarkt- und Berufsforschung (IAB). Zudem seien die Anforderungen deutscher Arbeitgeber an die Qualifikation von Ingenieuren deutlich anspruchsvoller als anderswo. Ohne perfekte Sprachkenntnisse habe kaum ein Zuwanderer die Chance, in einem deutschen Unternehmen angestellt zu werden.

Gegen einen verstärkten Zuzug osteuropäischer Ingenieure spricht auch die Verfassung der heimatlichen Arbeitsmärkte. Alleine in Polen fehlen derzeit 40 000 Ingenieure, so dass ein Migrationsdruck augenscheinlich gar nicht besteht. Auch osteuropäische Arbeitsmarktexperten gehen darum nicht davon aus, dass aus den EU-8 einen nennenswerte Zahl von Fachkräften nach Deutschland kommen wird. Wer weg gehen wolle, habe dies längst getan und sei heute in einem der Länder, die sich osteuropäischen Zuwanderern früher geöffnet haben als Deutschland - so ein Experte. Viele Polen sind demnach schon nach Großbritannien und Irland ausgewandert, weil sie dort gleich nach der EU-Erweiterung 2004 ohne Einschränkung arbeiten durften. (2), (8)

Wenn überhaupt, dann nach Westdeutschland

Aktuellen Studien zufolge werden osteuropäische Zuwanderer gerade um die noch immer unter erhöhter Arbeitslosigkeit leidenden fünf Ostbundesländer einen Bogen schlagen. Das bisherige Wanderungsverhalten zeige, dass die Arbeitsmigranten vornehmlich in die wirtschaftlich starken Regionen Westdeutschlands strebten. Bis Ende 2009 zog es 86 Prozent der polnischen Zuwanderer nach Westdeutschland, sieben Prozent gingen nach Berlin, lediglich 5,3 Prozent suchten in ostdeutschen Regionen nach Arbeit. Die räumliche Nähe Ostdeutschlands zu den EU-8 spielt lediglich für Migranten aus Tschechien eine wichtige Rolle. So arbeiten in Sachsen 5,1 Prozent der tschechischen Beschäftigten in Deutschland. Auffällig gering ist hingegen der Anteil polnischer Beschäftigter in Sachsen - obwohl Polen und Sachsen eine gemeinsame Grenze haben. Gerade einmal 1,6 Prozent aller in Deutschland arbeitenden Polen haben sich in Sachsen niedergelassen. (5)

Eine verpasste Chance?

Da der deutsche Arbeitsmarkt seit dem letzten Jahr

brummt und Fachkräfte vielerorts erwünscht wären, sehen manche Experten die verschobene Freizügigkeit nun als eine verpasste Chance. Polnische Wirtschaftswissenschaftler berichten, dass 2004 ein großes Potenzial auswanderungswilliger Fachkräfte in Polen bereitstand, das nun aber schon längst in anderen Ländern untergekommen sei. Die gut qualifizierten Kräfte arbeiten heute in Großbritannien, Schweden und Irland. Überdies hat die deutsche Lohnzurückhaltung dazu geführt, dass man in Osteuropa heute fast genauso viel verdienen kann wie in der Bundesrepublik. Und nicht zuletzt sind die EU-8 selbst bemüht, ihre Spitzenkräfte nicht ziehen zu lassen. Estland hat sogar ein spezielles Programm inklusive Prämien aufgelegt, um ausgewanderte IT-Spezialisten dazu zu bewegen, in ihr Heimatland zurückzukehren. (2)

Ungute Gefühle

Das Hamburgische Weltwirtschafts-Institut (HWWI) und das IZA sehen es heute als strategischen Fehler an, dass die deutsche Zuwanderungspolitik den Osteuropäern so lange die kalte Schulter gezeigt hat. Zudem sei der Eindruck erweckt worden, dass Arbeitsmigranten in Deutschland nicht erwünscht sind - was sich in den Köpfen osteuropäischer Fachkräfte festgesetzt habe. Diese fühlten sich in

Deutschland nicht willkommen und suchten darum in anderen EU-Ländern nach Beschäftigung. Ähnlich bewertet die heutige Bundesregierung die Lage. (4)

Falsche Selbstsicht

Experten halten es daher für falsch, wenn sich Deutschland selbst als das Land sieht, in dem für ausländische Spitzenkräfte Milch und Honig flössen. Stattdessen mangele es Deutschland an internationaler Attraktivität, insbesondere, weil die Gehälter im internationalen Vergleich nicht wettbewerbsfähig seien. Auch schreckten lange Verfahrensdauern bei der Erteilung von Aufenthaltsgenehmigungen sowie eine Vielzahl von Ansprechpartnern viele Interessenten ab. Wenn Deutschland für Fachkräfte attraktiv werden wolle, müsse die Visavergabe vereinfacht sowie ein transparentes Regelwerk zur Zuwanderung und zum Familiennachzug aufgestellt werden. (4)

Trends

Diskussion um die Verdienstschwelle

Arbeitsministerin Ursula von der Leyen will die Verdienstschwelle senken, die es Hochqualifizierten erlaubt, ein Daueraufenthaltsrecht in Deutschland zu erhalten. Bisher muss der Verdienst bei 66 000 Euro jährlich liegen, bevor der Stelleninhaber in Deutschland bleiben darf. Die hohe Anforderung hat dazu geführt, dass 2010 auf diesem Wege nur 700 Nicht-EU-Ausländer nach Deutschland kamen. In der Regierungskoalition gibt es allerdings starke Vorbehalte gegen eine Absenkung der Verdienstschwelle. Befürchtet wird eine zunehmende Konkurrenz um Arbeitsplätze sowie Integrationsprobleme. (4)

Fallbeispiele

Ärzte kommen aus Osteuropa

Eine nennenswerte Zuwanderung von Fachkräften aus den EU-8-Staaten wird zwar nicht erwartet, dennoch sind in Deutschland arbeitende Osteuropäer in vielen Branchen bereits Normalität. Dies gilt beispielsweise für das Gesundheitssystem. Seit 2004 sind aus Polen über 1 000 Ärzte und Ärztinnen nach Deutschland gekommen. Die höchsten Wachstumsraten beim Zuzug medizinischer Fachkräfte nach Deutschland weisen Rumänien und

Bulgarien auf. (3), (6)

Wirtschaftswunderland Polen

Dass ein Massenansturm polnischer Arbeitskräfte derzeit ausbleibt, liegt auch in der sehr guten wirtschaftlichen Situation unseres Nachbarlandes begründet. Polen hat beim Umbau von der Kommandowirtschaft zur Marktwirtschaft ein bemerkenswertes Tempo hingelegt. Die Situation ist so gut, dass viele ausgewanderte Fachkräfte in ihr Heimatland zurückkehren. Nicht einmal die Weltwirtschaftskrise 2008/2009 hat Polen in seinem Vorwärtsdrang gebremst. Als einziges von allen 27 EU-Staaten kam das Land ohne Rezession davon. (7)

Weiterführende Literatur

(1) Arbeitsmarkt seit dem 1. Mai für mehr EU-Bürger offen
aus IHK-Magazin - Wirtschaftsnachrichten der IHK Mittlerer Niederrhein Nr. 5 vom 15.05.2011 Seite 16

(2) Große Osteuropa-Welle bleibt aus
aus VDI NR. 17 VOM 29.04.2011 SEITE 1

(3) Zuwanderung aus EU-Staaten: Eine Lösung für den Fachkräftemangel?

aus das Krankenhaus Heft 6/2011 S. 565 - 568

(4) Spitzenkräfte meiden Deutschland Ökonomen erwarten trotz Erleichterungen keinen Ansturm // Bürokratie und Lohnniveau schrecken ab
aus Financial Times Deutschland vom 22.06.2011, Seite 10

(5) Auswirkungen der Arbeitnehmerfreizügigkeit auf Ostdeutschland und Sachsen
aus ifo Dresden berichtet, Heft 03/2011, S. 33-35

(6) Rumänen lösen polnische Erntehelfer ab
aus agrarzeitung 17 vom 29.04.2011 Seite 002

(7) Cool Polska Traumhafte Wachstumsraten, heimkehrende Spitzenkräfte und demnächst auch noch die Fußball-EM: Still und heimlich hat unser einst viel belächelter Nachbar im Osten ein kleines Wirtschaftswunder vollbracht
aus Capital vom 01.05.2011, Seite 48-51

(8) Deutschland ist für Osteuropas Ingenieure nicht besonders attraktiv
aus VDI NR. 17 VOM 29.04.2011 SEITE 4

Impressum

Freizügigkeit für Osteuropäer - doch die erhofften Fachkräfte werden wohl nicht kommen

Bibliografische Information der deutschen Nationalbibliothek

Die Deutsche Nationalbibliothek verzeichnet diese Publikation in der deutschen Nationalbibliografie; detaillierte bibliografische Daten sind im Internet über http://dnb.d-nb.de abrufbar.

ISBN: 978-3-7379-1679-0

© 2015 GBI-Genios Deutsche Wirtschaftsdatenbank GmbH, Freischützstraße 96, 81927 München, www.genios.de

Alle Rechte vorbehalten. Dieses Werk ist einschließlich aller seiner Teile – z.B. Texte, Tabellen und Grafiken - urheberrechtlich geschützt. Jede Verwertung außerhalb der Grenzen des Urheberrechtsgesetzes bedarf der vorherigen Zustimmung des Verlags. Dies gilt insbesondere auch für auszugsweise Nachdrucke, fotomechanische

Vervielfältigungen (Fotokopie/Mikroskopie), Übersetzungen, Auswertungen durch Datenbanken oder ähnliche Einrichtungen und die Einspeicherung und Verarbeitung in elektronischen Systemen.